MEMOIRE
HISTORIQUE ET CRITIQUE
SUR LA
VILLE SOUTERRAINE,
DÉCOUVERTE
AU PIED DU MONT-VÉSUVE,
DIVISÉ EN CHAPITRES,

DANS LESQUELS ON EXAMINE EN détail les Monumens de cette Ville, tels que ſes Palais, ſes Edifices publics & particuliers, ſes Places publiques, ſes Ruës, ſes Théatres, ſes Portiques, ſes Bains, ſes Peintures, ſes Moſaïques, ſes Statuës, ſes Médailles, ſes Inſcriptions, & géneralement tout ce qui a rapport aux mœurs & aux uſages des anciens Romains.

par m^r D'artenay secretaire d'ambassade de france a naples

A AVIGNON,
Chez ALEXANDRE GIROUD, ſeul Imprimeur de Sa Sainteté.

M. D. C. C. XLVIII.

A SON EXCELLENCE

MONSEIGNEUR

PASCAL ACQUAVIVA D'ARAGONA,

DES COMTES DE CONVERSANO,

PROTONOTAIRE APOSTOLIQUE & Référendaire de l'une & l'autre Signature de N. S. P. le Pape, Vice-Legat & Gouverneur-Géneral en la Ville & Légation d'Avignon & de tout le Comtat Venaissin, & Sur-Intendant des Armes de S. S. en cet Etat.

MONSEIGNEUR,

IL ne manquoit à l'honneur que VOTRE EXCELLENCE m'a fait, de me confier l'impression du Mé-

*moire autentique concernant la nouvelle découverte de la Ville d'*Herculéa, *que la faveur de le rendre public ſous ſes auſpices. Il ne pouvoit paroître légitimement que ſous le nom reſpectable de VOTRE EXCELLENCE, l'hommage lui en étoit dû par trop de tîtres. Né au milieu des grandeurs & des délices d'une Cour brillante, dont vos Ancêtres ont poſſedé preſque ſucceſſivement les poſtes & les emplois les plus éminens, & que les Seigneurs de votre nom rempliſſent encor aujourdhui avec tant de dignité, honorés conſtamment de la faveur de deux grands Monarques, dont ils approchent de ſi près, & diſtingués parmi les Princes de la Monarchie Napolitaine, autant par la nobleſſe du ſang, l'éclat des alliances, que par le zéle, l'attachement, les vertus & les ſervices. Les Fiefs immenſes, & les vaſtes poſſeſſions de l'illuſtre Maiſon de* Converſano, *qui embraſſent preſque des Provinces, & qui la rendent la plus conſidérable Vaſſale de cette Monarchie; cette continuïté d'Ayeux célèbres en tout genre, dont l'Hiſtoire compte dix-ſept générations, qui ont tant contribué à la gloire de cette Couronne, & qui l'ont partagée dans tous les tems, ne permettent point de douter, que cette gloire ne ſoit la vôtre, que ſon éclat ne réjailliſſe ſur Vous, que ſa proſpérité & ſon accroîſſement ne Vous intéreſſent; & que ſes grandeurs & ſa confiance ne ſoient un jour le prix de ce zéle, & de cet attachement qui Vous caractèriſent.*

Tels ſont, MONSEIGNEUR, les tîtres ſur leſquels eſt fondée la liberté que je prens. Le bonheur que nous avons de vivre ſous le Gouvernement de VOTRE EXCELLENCE, ſon caractère de bonté, de douceur, d'affabilité, d'équité, m'inſpirent autant de confiance, que ſon *rang, ſa magnificence, ſa généroſité, ſon air de dignité & de nobleſſe m'inſpirent de reſpect. Je m'eſtimerois heureux, MONSEIGNEUR, ſi mes foibles ſoins à tracer pour la premiere fois, & ſous des caractères nouveaux, la découverte de la Ville d'*Herculéa*, pouvoient ſatisfaire VOTRE EXCELLENCE. Si Elle daigne en parcourir la rélation, Elle verra, dans cette image des viciſſitudes humaines, une Ville enſévelie dans des déluges de feu & de profonds ſoûterrains, reſſuſciter après quinze ſiécles d'anéantiſſement & d'éclipſe; & ſes monûmens, conſervés ſous des cendres brûlantes, renaître, & conſtater par une parole muëte les uſages & les mœurs des Anciens. VOTRE EXCELLENCE y découvrira peut-être des veſtiges de la grandeur de ſa Maiſon, dont l'origine ſe perd dans l'antiquité la plus reculée.*

Daignez, MONSEIGNEUR, re-

cevoir ce foible hommage, comme une preuve du dévoüement inviolable, & du profond respect avec lequel j'ai l'honneur d'être,

MONSEIGNEUR,

DE VOTRE EXCELLENCE,

Le très-humble & très-obéïssant serviteur,
GIROUD.

MEMOIRE
SUR LA
VILLE SOUTERRAINE,
DÉCOUVERTE
Au pied du Mont-Veſuve.

ONSIEUR le Prince d'Elbeuf étant paſſé à Naples en 1706., & y ayant épouſé en 1713. la fille de M. le Duc de Salſa, fit bâtir une Maiſon de Campagne à quelques milles de cette Capitale, dans un lieu nommé le Granatiello, aux environs de Portici. Ses Ouvriers, en creuſant la terre pour chercher de l'eau, perçerent une voûte ſous laquelle ils trouverent des Statuës qu'il fit enlever, & il continua trés-utilement ſes recherches ſans que le Fiſc y fît d'abord attention. Le bruit qu'elles firent bientôt, ouvrit enfin les yeux du Gouvernement : il les arrêta, mais ne les ſuivit point.

Cette découverte étoit trop récente, pour que la tradition ne s'en fût pas conſervée juſqu'au tems où Sa Majeſté Sicilienne a choiſi Portici, pour y bâtir une Maiſon de plaiſance. Un des premiers ſoins de ce Prince fut de faire foüiller la terre : à 80. pieds de profondeur on trouva le ſol d'une ancienne Ville, ſituée ſous Portici & Reſina, Villages contigus, à ſix milles de Naples, entre le Mont Veſuve & le rivage de la mer.

CHAPITRE PREMIER.

Doutes sur la Ville soûterraine.

IL s'éleva aussi-tôt entre les Sçavans différentes opinions sur le nom de cette Ville. Quelques-uns vouloient que ce fût Pompeja; d'autres prétendoient, sur la foi de Camillo Pelegrino, [a] que c'étoit Retina, dont Pline [b] fait mention dans une Lettre qu'il écrit à Corneille Tacite, pour lui apprendre toutes les circonstances de la mort de son oncle. Ce dernier sentiment paroissoit assez plausible, parce que la Ville soûterraine est dans la même position, que Pline le jeune assigne à Retina, & qu'elle s'étend sous un Village qui s'appelle Resina, nom qui, à une lettre près, est le même que *Retina*; & il ne seroit pas étonnant qu'il y fût arrivé ce petit changement dans l'espace d'environ dix-huit siécles.

[a] *Camillo Pelegrino apparato alle antichita di Capua discorso 2°. Sect. XXIII.*

[b] Pline, Liv. 6. Ep. 16.

Mais Pelegrino, & les Ecrivains qui l'ont ſuivi n'ont pas fait attention que Pline ne qualifie point Retina de *Civitas*, *Urbs*, ou *Oppidum*, mais ſimplement de [a] *Villa*, qui en latin ne ſignifie point Ville, & comme c'en étoit une qu'on venoit de découvrir, il falloit conclure que ce n'étoit point Retina, qui d'ailleurs n'a jamais été miſe par les Anciens au nombre des Villes qui bordoient le Golfe de Naples. Pline s'exprime ainſi : [b] « Il y a ſur ce „ rivage Naples & Herculea, qui „ eſt peu éloignée de Pompeja au „ pied du Veſuve & ſur le bord „ du Sarno. „ Strabon place Herculea immédiatement après Naples. Denys d'Halicarnaſſe [c] dit que cette Ville étoit entre Naples & Pompeja. Seneque [d] lui donne la même poſition dans la Lettre qu'il écrit à ſon ami Luculius, au ſujet du tremblement de terre qui renverſa Pompeja,

a *Nam Villa ea ſubjacebat*, *&c.* Pline, Liv. 6. Ep. 16.

b Pline, liv 3. chap. V.

c Denys d'Halicarnaſſe, liv. 1er.

d *Seneque*, *de queſt. natural. lib. VI.*

ſous le Conſulat de Memmius Regulus & de Verginius Rufus. « Les „ Villes qui bordent la Mer, dit „ Florus, [a] ſont Formies, Cume, „ Pouſſole, Naples, Herculea, „ Pompeja. „ Ovide [b] en ramenant Enée de Sicile, lui fait côtoyer l'Iſle Caprée, le Promontoire de Minerve, Soriente, Stabia, Herculea, Naples. Columelle [c] dit que les marais de Pompeja étoient dans le voiſinage des Salines d'Herculea. Enfin aucun de ces Auteurs ne compte Retina parmi les Villes qui étoient autour du Golfe de Naples, & tous s'accordent à placer Herculea entre Naples & Pompeja. Or celle qu'on a nouvellement découverte eſt ſituée préciſément entre ces deux Villes : on ne pouvoit donc pas douter que ce ne fût Herculea, puiſqu'elle eſt à peu-près à la même diſtance de Naples, que de l'embouchûre actuelle du Sarno, où ſont les ruines de Pompeja.

a *Florus, lib.* 1. *cap. XVI.*

b Ovide, Métamor. XV. v. 709. & ſuiv.

c *Columelle, de cultu hortorum.* liv. X. v. 135.

Cependant malgré le ſilence des Hiſtoriens & des Géographes de l'antiquité ſur Retina, il eſt à préſumer que ce lieu étoit conſidérable, puiſqu'il y avoit des *Claſſes de Marine*, [a] comme l'atteſte Pline le jeune, ajoûtant que Retina étoit au pied du Veſuve, & qu'il n'y avoit point d'endroit plus expoſé lorſque ce Volcan s'embraſoit. Herculea étoit dans le même cas, ſi l'on en juge par la poſition que les Anciens lui donnent, & qui convient ſi parfaitement à la Ville ſoûterraine; mais comment eſt-il poſſible qu'Herculea & Retina occupent le même terrain? Ne ſemble-t'il pas que les mêmes circonſtances, appliquées à deux objets differéns, impliquent contradiction? Elle ſe diſſipe quand on réfléchit ſur ce que Denys d'Halicarnaſſe nous apprend de la fondation d'Herculea. [b] « Toutes les affaires » d'Italie, dit-il, étant terminées

[a] *Retinæ claſſiarii imminenti periculo exterriti... aſcendit ipſe non Retinæ modo, &c.* Pline, liv. 6. Epit. 16.

[b] Denys d'Halicarnaſſe, *lib.* 1.

„ à la ſatisfaction d'Hercule, & ſon
„ Armée navale étant revenuë d'Eſ-
„ pagne en bon état, il fit un ſa-
„ crifice dans lequel il offrit aux
„ Dieux la dixiéme partie de ſon
„ butin, & au même endroit où
„ ſa flote avoit relâché il bâtit une
„ Ville de ſon nom, habitée au-
„ jourdhui par les Romains entre
„ Pompeja & Naples, & ayant des
„ Ports aſſûrés en tous tems. „

Il eſt évident que c'étoit dans ces mêmes Ports que la Flote d'Hercule étoit à l'ancre. N'eſt-il pas naturel de penſer que l'endroit où ils étoient s'appelloit alors Retina, & que même après la fondation d'Herculea le nom de Retina s'étoit toûjours conſervé dans le quartier maritime de cette Ville, à l'extrêmité de laquelle ces Ports étoient ſitués, comme le remarque poſitivement Strabon? [a] S'il n'en reſte plus aucun vestige aujourdhui, c'eſt qu'ils fu-

[a] Stra liv. V.

rent entiérement comblés en même tems qu'Herculea fut ensévelie sous ses cendres.

Il en sera arrivé de même à l'égard du Sarno, qui passoit [a] au pied des murailles de cette Ville, & qui donnant à ses habitans la facilité de transporter leurs marchandises par eau, la rendoit [b] l'entrepôt de Nola, Nocera & Acerra. Le lit de cette Riviere aura été également rempli par les cendres, qui changeant le niveau du terrain, la forçoient conséquemment à diriger son cours ailleurs.

[a] Pline, liv. 3. chap. V.

[b] Strabon, liv. V.

Quand ces preuves ne suffiroient pas, pour démontrer que la Ville nouvellement découverte est véritablement l'ancienne Herculea, tous les doutes se dissiperoient à la vûë des inscriptions qu'on y a trouvées successivement, & dont quelques-unes seront inserées dans la suite de ce Mémoire.

CHAPITRE

CHAPITRE II.

De l'ancienne Ville d'Herculea.

EN ſe reglant ſur ce que Denys d'Halicarnaſſe rapporte de la fondation d'Herculea, il n'eſt pas fort difficile d'en fixer l'époque : il la place, ainſi qu'on l'a vû, au débarquement d'Hercule en Italie après ſon expédition d'Eſpagne, c'eſt-à-dire, ſoixante ans avant la guerre de Troye, & conſéquemment 1342. avant l'Ere Chrétienne.

Cette Ville, ſucceſſivement habitée [a] par les Oſques, les Etruſques, les Pelaſques, les Sannites & les Romains, fut conſidérablement endommagée (1) ſous l'Empire de

[a] Strabon, liv. V.

(1) Pompeios celebrem Campaniæ urbem in quam ab alterâ parte Surrentinum Stabianumque littus ab alterâ Herculanenſe conveniunt mareque ex aperto conductum amœno ſinu cingit decediſſe terræ motu, vexatis quæcumque adjacebant, regionibus, Lucili, virorum optime audivimus & quidem diebus hibernis, quos vacare à tali periculo majores noſtri ſolebant per-

Neron par le même tremblement de terre qui détruisit Pompeja le 5. Février de l'an 63. de J. C., & sa ruine fut achevée par l'éruption du Vesuve, qui arriva la premiere année de l'Empire de Titus, suivant Eusebe, Zonare & Agricola, ou la troisiéme, selon Georges Cedrenus, le Cardinal Baronius, & plusieurs autres; mais la Chronologie des premiers doit être préférée.

En effet, nous voyons dans Suetone que Titus montra en cette occasion non-seulement la tendresse d'un bon pere par les sécours qu'il donna, mais encore la prévoïance d'un sage Empereur par les mesures qu'il prit, ayant assigné pour le rétablissement des Villes désolées, les

---

mittere, nonis Februariis fuit motus, Regulo, & Verginio Consulibus, qui Campaniam numquam securam ejus mali indemnem tamen & toties defunctam moetu, magnâ strage vastavit: Nam & Herculanensis oppidi pars ruit dubiæque stant etiam quæ relicta sunt, &c. *Seneque, de Quæst. Natur. lib. 6. cap. 1.*

biens de tous les habitans morts ſans héritiers. Dion [a] & Zonare [b] ajoûtent, que dans l'année qui ſuivit ce terrible évenement, Titus envoya des colonies, répandit de grandes largeſſes, vint lui-même dans la Campanie, reconnut par ſes yeux le dommage que les Peuples de cette Province avoient ſouffert, donna aux Napolitains des jeux magnifiques pour les diſtraire de leur douleur, & fit à ſes dépens rebâtir leur Gymnaſe renverſé par les tremblemens de terre continuels, qui avoient accompagné l'éruption, & qui, au témoignage de Pline le jeune, [c] furent ſi violens, que les maiſons chanceloient, & comme arrachées de leurs fondemens, ſembloient être ſans ceſſe emportées de leurs places & y revenir, de maniere que tout préſageoit une ruine inévitable.

a Dion, liv. LXVI.

b Zonare, Vie des Empereurs. Voyez celle de Titus, liv. II.

c Pline, liv. VI. ep. XVI. & XX.

Le voyage de Titus dans la Campanie eſt atteſté par trop d'Auteurs, pour le revoquer en doute; & à l'égard de la réédification du Gymnase de Naples par cet Empereur, on en voit ici une preuve authentique: c'est une Inscription * Grecque & Latine, où les tems de la ruïne & du rétablissement de cet édifice sont marqués. Comment seroit-il possible que Titus eût fait tant d'arrangemens, de dispositions & de travaux, si l'éruption qui les avoit occasionnés étoit survenuë la derniere année de son Empire? A peine auroit-il eû le tems d'y penser, puisqu'il ne se seroit écoulé que dix-huit jours entre l'embrasement du Vesuve, qui commença [a] le 24. Août, & la mort de cet Empereur, arrivée le 13. Septembre.

Mais tout embarras est levé, si l'on s'en rapporte à Georges [b] Agricola: Il fixe le tems de l'éruption au septiéme Consulat de Titus; c'est précisément la premiere année de

* *Voyez la Planche ci-contre.*

a *Nono Calend. Septembris hora diei feré septima, &c.* Pline, lib. 6. epist. 16.

b *Georges Agricola, de natura eorum quæ affluunt in terra.* lib. 5.

TITOΣ. KAIΣAP.

OYEΣΠAΣIANOΣ. ΣEBAΣTOΣ.

......EKHΣ. EΞOYΣIAΣTO. Ī.

.......OΣYΠATOΣ. TO. H̄. TEIMHTHΣ.

AΓΩNOΘETHΣAΣTO. Γ̄. ΓYMNAΣIAPXHΣAΣ

.......ΣYMΠEΣONTA. AΠOKATEΣTHΣEN.

........NI. F. VESPASIANVS. AVG.

COS. V̄ĪĪĪ. CENSOR. P. P.

TERRAEMOTIBVS. CONLAPSA. RESTITVIT.

Cette Inſcription eſt gravée ſur une grande pierre de marbre, qu'on voit encore à Naples, enchaſſée dans une muraille près la fontaine de l'Annonciade. Comme le marbre n'eſt pas entier, l'Inſcription eſt tronquée en quelques endroits. Les Antiquaires qui ont voulu la reſtituer, y ont ſuppléé les lettres qu'on voit ici marquées avec des points en-dehors de la ligne, qu'on a tirée pour traçer le fragment.

ſon Empire, époque marquée par Eúſebe & Zonare, & qui paroît d'autant plus certaine qu'elle s'accorde avec tous les faits hiſtoriques, puiſqu'alors on conçoit aiſément que Titus peut bien avoir eû le tems de prendre l'année ſuivante toutes les meſures néceſſaires pour réparer les déſaſtres de la Campanie, comme le diſent Suetone & Dion, & pour rebâtir le Gymnaſe de Naples, ainſi qu'il eſt marqué dans l'Inſcription qu'on vient de rapporter. On y voit de plus qu'il fit cet ouvrage étant Conſul pour la huitiéme fois, ce qui tombe à la ſeconde année de ſon Empire. Ainſi il eſt hors de doute que l'embraſement du Veſuve eſt arrivé ſous la premiere, c'eſt-à-dire, le 24. Août 79., & en admettant que le ſiége de Troye ſoit poſtérieur de 60. ans à la fondation d'Herculea, il s'enſuit que cette Ville a ſubſiſté environ 1420. années.

CHAPITRE III.

Des Laves *& des Inondations qui accompagnent quelquefois les embrasemens du Vesuve.*

LA matiere sous laquelle la Ville d'Herculea est ensévelie n'est pas uniforme. Dans quelques endroits c'est la *Lave* du Vesuve ; dans d'autres c'est une espêce de mortier, ou cîment fort dur.

Les Napolitains appellent *Laves* ces rivieres de souffre, de mineraux, de pierres & de bîtumes fondus ensemble, que le Vesuve vômit dans ses fureurs : ces matieres enflammées ne coulent point avec impétuosité comme un torrent, c'est une mixtion épaisse & visqueuse qui roule lentement, comme feroit de la pâte, ou du verre fondu, & qui conserve sa chaleur assez long-tems pour arriver jusques à la mer, dans laquelle elle a formé de petits promontoires en différens endroits. La *Lave*, ſe fixant à meſure qu'elle perd ſa chaleur, devient enfin un rocher dur comme le marbre, qui prend le même poli, & dont on fait le même uſage.

Tant que cette matiere eſt en mouvement, on comprend bien qu'elle s'inſinuë dans tous les vuides qu'elle rencontre ſur ſon paſſage; ainſi il n'eſt pas étonnant que les endroits par où elle a dirigé ſon cours dans Herculea, en ſoient auſſi exactement remplis, que ſi l'on y avoit coulé du plomb fondu: telle eſt une partie du Théâtre & beaucoup d'autres bâtimens voiſins, & c'eſt ce qui fait ſans doute que dans ces endroits, on ne trouve tout au plus que quelques débris de Statuës de bronze, ce qui manque ayant été vraiſemblablement fondu par la chaleur de la *Lave*.

Depuis l'éruption qui a enterré

Herculea, on en compte vingt-ſix autres, dont les *Laves* ont encore paſſé la plûpart ſur cette malheureuſe Ville; c'eſt par cette raiſon qu'il y a préſentement entre elle & le ſol de Portici, une voute d'environ 80. pieds d'épaiſſeur.

Il paroît que ces fleuves enflammés n'ont paſſé anciennement que dans la moindre partie d'Herculea, le reſte eſt enſéveli, comme on l'a dit, ſous une eſpêce de mortier ou cîment très-ſolide, composé de terre & des cendres du Veſuve que l'eau a liées enſemble : non-ſeulement il a comblé les ruës, les places, & autres lieux ouverts; mais il a pénétré dans l'intérieur de tous les édifices ſans les endommager, & il en a rempli entierement toutes les parties, ſans y laiſſer le moindre vuide. Comment expliquer cette ſingularité, ſans ſuppoſer que le Veſuve avoit commencé par jetter une ſi grande

quantité

quantité de cendres, qu'il y en avoit beaucoup au-dessus des plus hauts édifices? Qu'ensuite les eaux de la Mer ayant pénétré dans les fournaises de ce Volcan, il les avoit vômies par son embouchûre? Que ces torrens avoient entraîné les cendres dans l'intérieur des bâtimens, où elles étoient arrêtées par les obstacles qu'elles rencontroient de tous côtés, affaissées par leur propre poids, qui est très-considérable, & accumulées par la jonction continuelle des autres cendres, qui venoient sans cesse de la montagne?

Si l'on s'en rapportoit au sentiment de l'Académie de Naples, on attribuëroit ces effets aux pluyes abondantes, qui tombent assez ordinairement après l'éruption; mais il en faudroit imaginer une quantité incroyable, & peut-être y auroit-il moins d'inconvénient à s'en tenir à la premiere supposition.

Elle eſt fondée ſur le témoignage de plusieurs Auteurs, qui atteſtent que dans quelques éruptions [a] le Veſuve a jetté autant d'eau que de feu; que dans celle de 1631. entre autres, le Port de Naples reſta un moment à ſec [b] le 10. Decembre, & qu'il y avoit toutes ſortes de coquillages mêlés avec la *Lave* qui couloit de la Montagne. Si cette derniere circonſtance eſt vraïe, c'eſt une preuve indubitable que l'eau de la Mer avoit effectivement pénétré dans le Volcan, & qu'elle en étoit ſortie par ſon embouchûre. L'Inſcription qui fut faite (1) alors ſem-

a Celano, tom. 4. p. 4.

b *Domenic Antonio Parrino, parte XI. §. XIII.*

---

(1) Poſteri poſteri, veſtra res agitur. Dies facem præfert diei, nudius Perendino. Advertite. Vicies ab ſatu ſolis, ni fabulatur hiſtoria, arſit Veſuvius, immani ſemper clade hæſitantium: ne poſt hec incertos occupet, moneo. Uterum gerit mons hic bitumine, alumine, ferro, ſulphure, auro, argento, nitro aquarum fontibus gravem. Seriùs ociùs igneſcet Pelagoque influente pariet: Sed ante parturit, concutitur, concutitque ſolum, fumigat, coruſcat, flammigerat, quatit aerem, horrendum immugit, boat, tonat, arcet finibus accolas. Emigrandum licet: jam jam enititur, erumpit, mixtum igne Lacum evomit, precipiti ruit

ble le faire entendre, & il y en a une autre à la Tour du Grec (1) qui

---

ille lapsu, feramque fugam prævertit. Si corripit, actum est, periisti. Anno salutis M. D. C. XXXI. KAL. Januarii, &c.

Cette Inscription est sur le chemin de Portici.

(1) Viam à Neapoli ad Rhegium
Perpetuis antea latrociniis infamem
Et conflagrati Vesuvii saxis impeditam
Purgato insidiis loco exæquata Planicie
Satam rectamque direxit ære Provinciali
Perafanus Ribera Alcalanorum Dux Prorex.
A. M. D. LXIII.
At O!
VIII. & LX. post anno
Kal. Jan.
Philippo IV. Regnante,
Fumo, flammis, & boatu,
Concussu, cinere, eruptione,
Horrificus, ferus, si umquam Vesevus
Nec nomen, nec fasces tanti viri extimuit;
Quippe exardescente cavis specubus igne;
Ignitus furens irrugiens
Exitium eructans coercitur aer
Discerpto violenter montis cacumine,
Immani erupit hiatu postridiè:
Ejaculans trans Hellespontum cinerem
Pone trahens ad explendam vicem Pelagus
Inmitte Pelagus
Fluvios sulphureos, flammatum bitumen
Fretus alumine cavus
Informe cujuslibet metalli rudus
Mixtum aquarum fluminibus ignem
Ferreumque undante fumo, cinere,
Seseque funestamque colluviem
Jugo montis exonerans:
Pompeos, Herculanum, Octavianum,
Prestrictis Resina & Porticu;

fortifie encore cette conjecture. Dominic Antonio Perrino, dans sa description [a] du Golfe de Naples, assûre, en parlant de l'éruption de 1698. : " que la Mer se retira tout
„ d'un coup de douze pas, & que
„ ses eaux sortirent en même tems
„ du Volcan, de maniere qu'on
„ trouva ensuite sur le rivage une
„ quantité de Moules, d'Escargots
„ & de Hérissons de mer calcinés &
„ sentant le souffre. „ Pline le jeune, témoin oculaire de l'éruption qui fit périr son Oncle en même tems qu'Herculea, dit positivement : " que la Mer sembloit s'en-
„ gloûtir en elle-même, & être re-
„ poussée par les sécousses de la
„ terre. „

Quoiqu'il en soit, il est certain qu'aujourdhui tout est plein dans

[a] Parte XI. §. XIII.

Silvasque, villasque, ædesque
Momento stravit, ussit dirupit;
Luctuosam præ se prædam agens
Vastumque triumphum, &c.

Herculea. Pour entrer dans les ruës & dans les maiſons, il faut les vuider en rompant avec la pointe du marteau ou la *Lave*, ou l'eſpêce de cîment qui les remplit, & qui les enveloppe de tous côtés, ſans quoi la plûpart de ces bâtimens tomberoient auſſi-tôt, étant extrêmement panchés. On remarque que leur inclinaiſon eſt toûjours du côté de la Mer : il eſt donc naturel de penſer qu'elle a été occaſionnée par le poids des eaux, qui ſans doute auroient renverſé & détruit entiérement Herculea, ſi ce n'eſt que tout y étoit plein & ne formoit plus qu'une ſeule maſſe, dont toutes les parties ſe ſoûtenoient mutuellement; & d'ailleurs comme cette Ville étoit totalement enſévelie ſous les cendres, elle ne préſentoit plus qu'une ſurface unie, ſur laquelle les torrens couloient ſans obſtacle, & par conſéquent ſans efforts.

CHAPITRE IV.

Du Théâtre d'Herculea.

A Peine Sa Majesté Sicilienne avoit-elle commencé à faire foüiller la terre sous Portici & Resina, que l'on trouva quelques Statuës de la famille Balba, & des peintures à fraisque.

Le hazard conduisit bien-tôt les travailleurs dans un Théâtre qui paroît d'architecture grecque, autant que l'on peut juger d'après Vitruve. En effet ses vingt-un gradins ne sont point séparés de sept en sept par un palier comme chez les Romains : ils sont contigus & d'une même suite, peut-être même que si l'on faisoit des escavations entre les sept petits escaliers qui divisent également les gradins, on trouveroit ces vases de terre ou d'airain, dont les Grecs se servoient pour redoubler la voix de leurs Acteurs.

Ce Théâtre a 290. pieds de circonférence à l'extérieur jusqu'à la Scéne, 160. de largeur extérieure, & 150. en dedans : le lieu de la Scéne, ou *Pulpitum*, étoit d'environ 72. pieds de largeur sur 30. seulement de profondeur.

Semblable à tous ceux de l'antiquité, ce Théâtre est fait en fer à cheval, ou plûtôt il décrit un demi-cercle, dans l'intérieur duquel sont pris vingt-un gradins partant du même centre; mais dont le diamètre devient plus large à mesure qu'ils s'élevent. Ce demi-cercle est terminé par un quarré long, divisé en trois parties : celle du milieu a toute la largeur qui se trouve du troisiéme gradin d'en-bas à celui qui lui est opposé de l'autre côté, & elle avoit dans l'enfoncement une façade d'ordre dorique, dans laquelle il y avoit trois sorties : c'étoit-là le *Pulpitum*, ou *Proscenium*, où les Acteurs repréſentoient, & leur *Poſtſcenium* étoit derrière la façade & dans les deux autres parties du quarré long, qui prennent depuis le troiſiéme gradin d'en-bas juſqu'à la plus grande étenduë des côtés du Théâtre.

L'eſpace, qui ſe trouve entre le *Pulpitum* & les gradins, étoit l'Orcheſtre : on y trouve, de même que ſous la Scéne, une quantité de bois réduit en charbon, ce qui prouve encore que ce Théâtre avoit été bâti par les Grecs, parce que chez les Romains l'Orcheſtre étant deſtiné aux Senateurs & aux Veſtales, il étoit inutile d'y faire des planchers de charpente, qui n'avoient été imaginés par les Atheniens, que pour donner du reſſort aux Danſeurs.

Toute la partie ſupérieure de la Scene étoit auſſi garnie d'un grand nombre de piéces de bois, qui, quoique brûlées, conſervent aſſez leur forme, pour que l'on puiſſe en conjecturer

jecturer que ce Théâtre avoit des machines, qui étoient également communes chez les Grecs & chez les Romains. Les premiers avoient des vols, & des changemens de décorations comme les nôtres, & l'on sçait que chez les derniers un Acteur qui faisoit le rôle d'Icare, le joüa trop bien, puisqu'il alla tomber aux pieds de Neron qu'il couvrit de son sang.

Trois galleries élevées l'une sur l'autre, non perpendiculairement, mais de maniere que leur mûr intérieur étoit appuyé contre les gradins, servoient de portiques pour entrer dans le Théâtre & pour s'y placer. Le coridor supérieur répondoit aux sept gradins d'en-haut, les seuls qui fussent à couvert, & qui pour cela étoient destinés aux femmes.

Enfin ce magnifique édifice étoit entiérement revêtu des plus beaux marbres de l'antiquité, enrichi de colomnes & de ſtatuës, la plûpart encore dans leur place, & ſi bien conſervé qu'il auroit été facile de le rétablir dans toute ſa perfection; mais comme les travaux avoient été commencés ſous terre de la même maniere qu'on foüille une mine, on s'eſt contenté d'en enlever les ornemens; enſorte qu'il ne reſte plus aujourdhui que le maſſif de ce beau monument ſous une voûte d'environ quatre-vingt pieds d'épaiſſeur, qui n'empêche pas cependant ceux qui ſont dans l'ancienne Ville d'entendre aſſez diſtinctément le bruit des voitures qui paſſent dans Portici.

Au reſte quelques précautions qu'on ait priſes pour connoître exactement le plan dont on cherche à donner ici une idée, on ne garantit pas que les dimenſions en ſoient abſolument juſtes, parce qu'on n'a vû le Théâtre qu'en détail, n'ayant jamais été découvert en même tems dans toutes ses parties : elles n'ont été visibles que successivement, attendu que pour en vuider une il falloit remplir l'autre, de maniere qu'on pourroit à peine en voir actuellement la moitié. Il en est de même des autres édifices dont il sera fait mention dans ce Mémoire.

Ce ne fut que long-tems après la découverte du Théâtre, qu'on fit celle de l'Inscription suivante :

L.ANNIVS. L. F. MAMIANVS. RVFVS. II. VIR. QVINQ. THEATRO....... NVMISIVS. P. F. ARO........HERCVLANEN........

Le marbre sur lequel elle est gravée est tellement endommagé, qu'il n'a pas été possible de la déchiffrer entiérement : on ne la rapporte ici que par la seule raison que c'est la premiere preuve qu'on ait eûë, que la Ville soûterraine est véritablement Herculea.

CHAPITRE V.

Du Forum *d'Herculea, & des deux Temples contigus.*

EN pouſſant les travaux du côté de Portici, on tomba dans une ruë large d'environ 36. pieds, & bordée à droite & à gauche de deux banquettes ornées de portiques, ſous leſquels les gens de pied pouvoient marcher à couvert. Cette ruë conduiſit les travailleurs à trois édifices publics, dont deux ſont contigus, & ſe trouvent en face du plus grand, qui n'en eſt ſéparé que par la largeur de la ruë, laquelle forme entr'eux un porche, ou veſtibule qui leur eſt commun, parce qu'elle eſt couverte en cet endroit d'une voûte, qui porte également ſur les trois édifices.

En comparant le plus conſidérable de ces édifices avec la deſcription que Vitruve [a] fait des Gymnases, on reconnoît aussi-tôt que ce n'en est pas un, quoiqu'il ait des portiques, qu'on pourroit prendre pour ceux où les Sçavans donnoient leurs leçons publiques : on y trouveroit même en cas de besoin l'*Ephebeum* où la jeunesse étudioit en particulier, le *Coryceum*, ou *Apodyterion*, dans lequel on déposoit ses habits pour les exercices, & même des *Xystes* pour les Athlètes, mais il y manque la *Palestre*, le *Sphæristerium*, les Bains & le *Stade*. D'ailleurs cet édifice est pavé, & les Gymnases ne l'étoient point.

a Vitruve, liv. XV. chap. XI.

Comme il est presque entiérement à découvert, il n'y a pas d'apparence que ce soit une Basilique, cette sorte de bâtiment public étant toûjours voûté, & ayant des galeries élevées sur des colonnes avec des boutiques des deux côtés, ce qu'on ne trouve point dans l'édifice dont nous parlons. Il a cependant vers ſon milieu deux eſpêces de Tribunes, que l'on pourroit regarder comme la place où les Centumvirs & les Tribuns ſe mettoient pour rendre la juſtice ; mais ce n'eſt pas aſſez pour conjecturer que ce fût une Baſilique.

On pourroit ſuppoſer avec plus de probabilité que ce ſeroit un Chalcidique, ſi ce n'eſt que nous ſommes dans une trop grande obſcurité ſur la nature du bâtiment que les Anciens appelloient ainſi, quelques-uns des modernes prétendant prouver par l'étimologie du nom, que c'étoit ou le Tribunal des monnoyes, ou le lieu même où l'on battoit la Monnoye, & d'autres ſoûtenant que c'étoit une Salle du *Forum* où ſe tenoient les Avocats & le Rhéteurs. Cependant il eſt prouvé par une Inſcription (1) trouvée au commencement du dernier ſiécle dans les environs de Portici, qu'il y avoit un Chalcidique à Herculea; mais il n'eſt pas vraiſemblable que ce fût l'édifice qu'on a découvert dans les ruïnes de cette Ville, parce qu'il eſt ouvert par en-haut, ce qui contrarie l'idée que nous avons communément du Chalcidique, qu'on nous peint comme une Salle ſuperbe,

(1) PRIDIE. K. MARTIAS. IN. CVR. SCRIBENDO. ADFVERE. CVNCTI. QVOD. VERBA. FACTA. SVNT. M. M. MEMMIOS. RVFOS. PAT. ET. FIL. ET. VIRI.... ITER. PEQVNIA. PONDERALI. ET. CHALCIDICVM ET SCHOLAM. SECVNDVM. MVNICIP. SPLENDOREM. FECISSE. QVAE. TVERI. PVBLICE. DECRETO. D. E. R. I. C. PLACERE. HVIC. ORDINI. CVM. M. M. RVFI. PAT. ET. FIL. II. VIR. ITER. IN. EDENDIS. MVNERIBVS. ADEO. LIBERALES. FVERINT. VT. EORVM. MONVMENTA. DECORI MVNICIPIO. SINT. ADEO. DILIGENTES. VT. VITIEIS PONDERVM. OCCVRRERINT. IDQ. IN PERPETVVM. PROVEDERINT. PLACERE. DECVRIONIB. M.M. MEMMIOS. RVFOS. PAT. ET. FIL. DVM II. VIVERENT EORVM. POS......M. ET. SCHOLAE. ET. CHALCIDIC. QVAE. IPSI. FECISSENT. PROCVRATIONEM. DARI. VTIQVE. SERVOS. EIVS.....MPIVS. EST....NEGOTIO. PRAEPONERENT. NEQVE. INDE. ABDVCI. SINE DECVRIONVM. DECRETO. ET. MM. MEMMIIS. RVFIS. PAT. ET. FIL. PVBLICE. GRATIAS. AGEI. QVOD. ITERATIONI. HONORI. EORVM. NON. AMBITIONEI. NEQVE. IACTATIONI. SVAE. DEDERINT. SED. IN. CVLTVM. MVNICIPI. ET. DECOREM. CONTVLERINT.

Comme on n'a pas pû voir l'Original de cette Inſcription, on eſt obligé de rapporter la Copie telle qu'on l'a trouvée.

ſans nous en déſigner néanmoins ni l'uſage ni la conſtruction. Vitruve ſemble faire entendre qu'elle étoit ordinairement placée à l'extrêmité des Baſiliques, d'où l'on peut inférer que le bâtiment dont il s'agit n'eſt pas un Chalcidique, puiſqu'on n'y voit point de Baſilique attenante, & qu'il eſt iſolé de toutes parts, ſi ce n'eſt ſeulement du côté de ſon portique extérieur, qui eſt commun à deux petits Temples.

Tout ce qu'on remarque dans la ſtructure de cet édifice convient parfaitement au *Forum* civil, ou judiciaire des Anciens. Celui de Jules César [a] à Rome avoit dans ſon voiſinage les Temples de la Paix & de Venus: celui d'Auguſte étoit contigu [b] au Temple de Mars Vengeur; & celui de Nerva étoit [c] auprès des Temples de Pallas & de Janus *quadriceps*. Chacun de ces *Forum* avoit des Portiques, & étoit orné

a Donat. liv. II. ch. XXII.

b Suetone ſur Auguſte.

c *Onuphre Panvini Nardini.*

orné d'un grand nombre de Statuës [a] pedeſtres, ou curules, & de quelques-unes équeſtres, comme étoit dans le premier (1) celle de Jules Céſar, faite par Liſippe en bronze doré. Trajan avoit fait mettre auſſi la ſienne dans le portique extérieur de ſon *Forum*, où les (2) Conſuls s'aſſembloient le premier Janvier pour la cérémonie de l'affranchiſſement des eſclaves. Enfin tous ces édifices étoient également deſtinés à l'adminiſtration de la Juſtice.

[a] Suetone ſur J. Céſar. Pline liv. VIII.

Qu'on examine préſentement celui dont il s'agit, on y reconnoîtra auſſi-tôt le *Forum* des Herculéens. Son plan forme un paralellograme,

(1) Cedat equus latiæ qui contra Templa Diones Cæſari ſtat ſede fori, quem tradere es auſus Pellæo Liſippe Duci; mox Cæſaris ora aurata cervice tulit. *Stace Lib. I. de Silvis.*

(2) Nam modo nos jam feſta vocant & ad ulpia poſcunt te fora donabis quos libertate Quirites. Perge pater patriæ fœlix atque omine fauſto captivos vincture novos abſolve vetuſtos. *Sidonius Apollinaire. Ammien Marcelin. L. XXII.*

long d'environ 228. pieds & large de 132. Il ſemble d'abord que ce ſoit un de ces Temples que les Anciens appelloient *Peripteres*, étant environné de colonnes qui ſoûtiennent les voûtes du Portique qui régne tout autour intérieurement. Le milieu de cet édifice eſt à découvert, & ſon nîveau eſt d'environ deux pieds plus bas que celui du Portique, où l'on monte par trois dégrès. A quarante pieds environ de l'entrée, on trouve deux quarrés chacun de 18. pieds de face, appuyés contre les Portiques des aîles, & élevés d'environ 4. pieds. A l'extrêmité eſt un quarré de 24. pieds en tous ſens, pris en dehors de cet édifice comme le ſanctuaire des Temples. Trois dégrés conduiſent dans ce quarré, au fond duquel eſt une longue baſe ſemblable à nos autels, ſur laquelle il y avoit trois Statuës de marbre ; celle du milieu en pied repréſentant Veſpaſien, & les deux autres aſſiſes dans des chaîſes curules, mais elles ſont ſans têtes, & il n'a pas été poſſible juſqu'à préſent de les retrouver. Sous le Portique du fond, & préciſement dans les angles qui font la jonction avec les Portiques des aîles, ſont deux enfoncemens demi-circulaires, dans chacun deſquels étoit une Statuë de bronze, l'une repréſentant Neron & l'autre Germanicus; elles ſont hautes d'environ neuf pieds & d'une grande beauté. Les colonnes qui forment les Portiques intérieurs ſont au nombre de 42., en comptant celles des angles, ſçavoir 17. de chaque côté, & 8. dans le fond. A chacune de ces colonnes répond une demi-colonne adoſſée contre un pilaſtre, & des Statuës de bronze & de marbre étoient placées alternativement entre ces pilaſtres. Soit que les premieres ayent été fonduës par la chaleur de la Lave, ou détruites par le tems, on n'a pû en recouvrer que quelques débris. A l'égard des Statuës de marbre, celles qui étoient dans l'aîle gauche se sont trouvées en tout ou en partie; mais celles qui ornoient le côté droit avoient été enlevées précedemment, ce qui se reconnoît par les anciennes excavations que l'on y voit. La façade présentoit cinq entrées, deux qui conduisoient aux Portiques latéraux, & trois dans l'intérieur: elles étoient formées par quatre gros pilastres qui partageoient le frontispice en cinq parties égales. Contre chacun de ces pilastres il y avoit une Statuë équestre, desquelles deux étoient de bronze presqu'entiérement détruites, & deux de marbre, dont l'une est déja parfaitement restaurée, & fait l'admiration de tous les Connoisseurs, qui la mettent au-dessus de celle de Marc-Aurele, placée au

Capitole à Rome. On voit par l'Inſcription (1) gravée ſur ſon piédeſtal, qu'elle avoit été érigée par les Herculéens à M. Nonius Balbus. Au reſte on n'a rien découvert de cette eſpêce de façade au-delà de la voûte qui couvre le grand Portique extérieur, commun à ce grand édifice & aux deux petits Temples qui ſont vis-à-vis. Il étoit pavé de marbre, mais il n'en étoit point revêtu: ſes murailles étoient peintes à fraiſque, & c'eſt de-là qu'on a enlevé une partie de ces morceaux ſi rares & ſi précieux, qui ſont dans les Cabinets de Sa Majeſté Sicilienne.

Ne reconnoît-on pas dans cette deſcription le *Forum* des Herculéens? Rien n'y manque de ce qui peut nous en convaincre: on y trouve tout ce qui diſtinguoit ces ſortes

---

(1) M. NONIO. M. F. BALBO. PR. PRO. COS. HERCVLANENSES.

d'édifices. On a vû que le *Forum* de Jules César, & ceux d'Auguste & de Nerva avoient dans leurs voisinages différens Temples, & il y en a deux contigus en face de l'édifice dont nous parlons.

Ils n'ont rien de particulier : leur plan est un carré long, mais leur grandeur est fort inégale. L'un a 150. pieds de longueur sur 60. de largeur ; & l'autre seulement 60. sur 42. Le Sanctuaire est à leur extrêmité : dans le plus grand il sort du quarré, & l'Autel étoit au milieu. Dans le plus petit le Sanctuaire est pris dans le quarré même, c'est-à-dire, dans l'intérieur du Temple, & fermé par un mûr qui n'a qu'une seule ouverture, vis-à-vis de laquelle étoit placée la Statuë de la Divinité avec son Autel. Il est à présumer que c'est cette espêce de Chapelle que les Romains appelloient *Ædicula*.

En entrant dans ce dernier Temple par la ſeule porte qu'il ait, & qui eſt au milieu du frontiſpice, on trouve deux autres Autels où ſe faiſoient vraiſemblablement les ſacrifices, & dans l'eſpace qui eſt entre les jambages de la porte & les mûrs latéraux du Temple, on avoit pratiqué deux eſpêces de petites Salles, qui ſont peut-être le *Donativum* où ſe dépoſoient les offrandes, & où l'on gardoit les lits ſacrés, les vaſes, les inſtrumens & autres uſtenciles propres aux Sacrifices. Dans la façade de l'autre Temple il y a deux entrées, & contre le mûr intérieur qui les ſépare eſt appuyé un grand piedeſtal d'environ 12. pieds de face, ſur lequel on a trouvé quelques débris d'un char de bronze, d'où l'on juge que ce piédeſtal ſervoit de baſe à quelque Statuë curule.

Ces deux Temples ſont couverts

d'une voûte : leur mûrs intérieurs étoient ornés de colonnes, entre lesquelles il y avoit alternativement des peintures à fraisque & de grandes tables de marbre appliquées contre les mûrs, sur lesquelles étoient gravés les noms des Magistrats qui avoient présidé à la dédicace du Temple, & ceux des Collèges, Compagnies, ou Corps de Métiers qui avoient fait la dépense de le bâtir ou de le réparer. Il est à remarquer que ces sortes d'Inscriptions se sont trouvées dans les aîles, ce qui prouve que ce n'étoit pas toûjours sur les frontispices qu'on les posoit, comme on le croît assez communément.

Ceux qui chercheront dans la suite à vérifier ces descriptions sur les lieux mêmes, seront peut-être étonnés de n'y reconnoître presque aucuns vestiges ni du *Forum* ni des deux Temples voisins; mais ils doivent se souvenir

ſouvenir qu'à meſure que l'on fait de nouvelles excavations on remplit les anciennes, ainſi qu'on l'a obſervé ci-devant.

CHAPITRE VI.

Des Maiſons & des Ruës d'Herculea.

JUſques à préſent il ne s'eſt point trouvé de Maiſons dans Herculea qui méritent un détail particulier: toutes celles qu'on a foüillées dans un eſpace d'environ trois cent toiſes de longueur ſur environ cent cinquante de largeur, paroiſſent d'une architecture aſſez uniforme. La Colonie d'Herculea étoit obligée à leur entretien par différentes loix, & entr'autres par celles de Claudius (1)

(1) CN. HOSIDIO. GETA. L. VAGELLIO. COS. X. CAL. OCTOB. S. C.

Cum providentia optumi Principis tectis quoque urbis noſtræ & totius Italiæ æternitati proſpexerit, quibus ipſe non ſolum præcepto auguſtiſſimo, ſed etiam exemplo ſuo prodeſſet, conveniretq. felicitati ſæculi

& de Neron, (1) gravées sur des tables d'airain que l'on trouva cloüées

---

instantis proportioni publicorum operum etiam privatorum custodiæ. deberentq. abstinere se omnes cruentissimo genere negotiationis ne inimicissimam pace faciem inducerent ruinis domum villarumq. placere si quis negotiandi causâ emisset aliquod ædificium, ut diruendo plus acquireret, quam quanti emisset tum duplam pæcuniam qua mercatus eam rem esset in æra: inferri utiq. de eo nihilominus ad Senatum referretur cum quæ æque non oportere malo exemplo vendere quam emere venditores quoq. coercerentur qui scientes dolo malo contra hanc Senatus voluntatem vendidissent placere tales venditiones irritas fieri ceterum testari Senatum dominio constitui qui rerum suarum possessores futuri aliquas partes earum mutaverint dum non negotiationis causâ id factum censuerint.

In Senatu fuerunt CCC. LXXXIII.

(1) VOLVSIO. P. CORNELIO. COS. VI. NON MART. S. C. QVOQVE. VOLVSIVS. P. CORNELIVS. VERBA. FECERVNT. DE POSTVLATIONE. NECESSARIORVM. ALLIATORIAE. CELSILIAE. Q. D. E. R. F. P. D. E. R. I. C.

Cùm S. C. quod factum est Hosidio Geta, & L. Vagellio Cos. clarissimis viris ante X. K. Oct. autore D. Claudio cautum esset ne quis domum villamve dirueret, quod sibi alquireret neve quis negotiandi causa eorum quid emeret, venderetve, pænaque in emptorem qui adversus id S. C. fecisset, constituta esset ita vel iis qui quicquid emisset duplum ejus quanti emisset, in ærarium inferri cogeret & ejus qui vendidisset irrita fieret venditio, de iis autem qui rerum suarum possessores futuri aliquas partes earum mutassent, dummodo non negotiationis causa mutassent, nihil esse novatum & necessarjj alliatoriæ Celsiliæ uxoris Attil. Luperci ornatissimi viri exposuissent huic ordini patrem ejus alliatorium celsum emisse fundos cum ædificiis in Regione Muliniensi qui vocarentur campi matri in quibus locis mercatus . . . .
Superioribus solitus esset temporibus jam per aliquod

contre un mûr en creusant la terre, il y a quelques années, aux environs de la Tour du Grec, ce qui prouve que la Ville d'Herculea s'étendoit au moins depuis ce Bourg jusques à Portici; mais sa largeur ne pouvoit être que médiocre, étant resserrée entre le Mont-Vesuve & le rivage de la Mer.

L'intérieur de la plûpart de ces Maisons étoit peint à fraisque. Dans

---

dessisset haberi ea quæ ædificia longa vetustate dilaberentur neque refacta usui essent futura, quia neque habitaret & in ijs quisquam nec vellet in deserta cruentia commigrare ne quid fraud. multæ pœnæ esset Celsiliæ si ea ædificia, de quibus in hoc ordine actum esset, aut demolita fuissent, aut ea conditione sive per se, sive cum agris vendidisset, aut emptori sine fraude sua ea destruere tollereque liceret.

In futurum autem admonendo cæteros esse ut abstinerent se à tam fædo genere negotiation. hoc præcipuè sæculo quo excitari, novari, ornari in universa quibus felicitas orbis terrarum splenderet, magis convenire quam ruinis ædificiorum aliam partem deformem Italiæ . . . . & adhuc retinere priorum temporum ita ut diceretur senectute actum . . . . censuere in Senatu.

On auroit désiré pouvoir corriger sur l'Original les fautes qui se sont glissées dans la Copie de ces Loix; mais les tables sur lesquelles elles étoient gravées ont tant de fois changé de main, qu'on ne sçait plus où elles sont présentement.

quelques-unes c'étoit des tableaux pris de la Fable ou de l'Hiſtoire, & Sa Majeſté Sicilienne en a fait enlever autant qu'il a été poſſible ; mais dans le plus grand nombre ce n'étoit qu'une ſeule couleur, ordinairement rouge, avec quelques ornemens légers, tels que des oiſeaux perchés ſur des cordages, ou s'y tenant ſuſpendus par le bec ou par les pieds : on y voyoit auſſi d'autres animaux, & quelquefois des fleurs.

Toutes les Ruës ſont tirées au cordeau, avec des banquettes des deux côtés pour les gens de pied : elles ſont pavées de grandes pierres ſi parfaitement reſſemblantes à celles qui pavent la Ville de Naples, qu'il y a tout lieu de croire qu'elles partent de la même carriere, c'eſt-à-dire, de quelque lave du Veſuve.

Cette découverte eſt une preuve manifeſte de l'erreur où ſont tombés les Auteurs qui ont écrit, que l'éruption arrivée ſous l'Empire de Titus étoit la premiere que le Veſuve eût jamais faite. Ce n'eſt jamais que dans ſes plus grandes fureurs que ce Volcan vômit des laves, qui ſont effectivement des carrieres inépuiſables : mais ce qui acheve de démontrer que long-tems avant Titus cette montagne s'étoit embraſée, c'eſt la deſcription que les anciens Auteurs nous en ont laiſſée.

„ Ce lieu, dit Denys d'Halicar-
„ naſſe, s'appelle [a] Phlegreen, parce
„ qu'il vômiſſoit autrefois, comme
„ l'Ethna en Sicile, une quantité
„ de feu : on le nomme aujourdhui
„ Veſuve, & il conſerve plusieurs
„ marques de ſes embraſemens. „

Strabon décrit ainſi cette montagne : [b] " Le Mont-Veſuve eſt en-
„ veloppé de campagnes admira-
„ bles, excepté la ſommité qui eſt
„ entiérement ſtérile, & qui paroît
„ couverte de cendres : on y voit

[a] Denys d'Halicarnaſſe, liv. III.

[b] Strabon, liv. V.

„ même des cavernes, dont les ou„ vertures ſemblent noircies par la „ fumée & calcinées par le feu, de „ maniere qu'on diroit que ce lieu „ ſe ſeroit autrefois embraſé, & que „ c'étoit un Volcan qui depuis ſe „ ſeroit éteint faute de matiéres in„ flammables. „

„ On raconte, dit Vitruve, [a] „ qu'anciennement le Veſuve a jetté „ beaucoup de feu, & qu'il a pouſſé „ enſuite une grande quantité de „ flammes vers les campagnes. „

Silius Italicus, [b] qui floriſſoit ſous Neron, repréſente le Veſuve comme une montagne où le feu a cauſé de grands ravages, & du ſommet de laquelle il a détruit les rochers.

Le Stace, [c] qui écrivoit vraiſemblablement avant l'Empire de Titus, nous donne cependant une idée fort diſtincte des éruptions du Veſuve.

Nous ſçavons, dit Pline [d] ſecond, qu'un an avant la défaite & la mort

a Vitruve, liv. II. chap. VI.

b *Monſtrantur Veſeva juga atque in vertice ſummo depaſti flammis ſcopuli fractuſque ruina Mons circum &c.* Silius Itali. lib. VIII.

c *Hæc ego Calcidicio ad te Marcelle ſonabam littoribus fractas ubi Veſvius egerit iras.* Stace, lib. IV. v. 4.

d Pline ſecond liv. V.

de Craſſus, il tomba dans la Lucanie une grêle de marcacites & de machefer qui reſſembloit à des éponges.

Julius Obſequens [a] rapporte dans ſon Traité des prodiges, que ſous le Conſulat de Cajus Martius III. & de Titus Manlius Torquatus, il plût des pierres à Rome, & qu'il y fut nuit en plein midi.

Or ces grêles de pierres & de marcacites arrivées, l'une 422. ans, & l'autre 132. ans avant la ruïne d'Herculea, ne peuvent être parties que du Veſuve, qui en produit toûjours de ſemblables dans ſes embraſemens, & c'eſt ce qu'on appelle *Cendres*. Il eſt donc indubitable qu'avant l'Empire de Titus il y avoit eû des éruptions, & l'on ne doit pas s'étonner que les cendres en ſoient parvenuës dans la Lucanie, & même juſqu'à Rome, puiſque le Comte [b] Marcellin, le Cardinal [c] Baro-

[a] *Julius Obſequens de Prodigiis.*

[b] Chroniques du Comte Marcellin.

[c] Annales de Baronius.

nius & Procope, [a] assûrent que celles qui sortirent de ce Volcan dans l'éruption de l'année 472. avoient couvert toute l'Europe, & qu'elles furent poussées par les vents jusqu'à Constantinople, où chaque année on en célébroit la commémoration le 6. Novembre par des prieres publiques. Dion [b] & Agricola [c] nous apprennent aussi que dans l'éruption qui fit périr en même tems Herculea & Pompeja, les cendres furent portées jusques en Afrique, en Egypte & en Syrie.

a Procope, liv. III. chap. IV.

b Dion, l. XXXVII.

c *Georges Agricola, de natura eorum quæ affluunt in terrâ.* lib. IV.

CHAPITRE VII.

Des Peintures trouvées dans Herculea.

LEs Peintures à fraisque qu'on a sauvées des ruïnes d'Herculea forment aujourdhui dans les Cabinets de Sa Majesté Sicilienne environ quatre cens tableaux de toutes grandeurs, la plûpart aussi frais que s'ils s'ils étoient modernes ; mais ſi l'on en excepte une douzaine peut-être, où les figures ſont à peu-près de grandeur naturelle, les autres n'ont que dix à douze pouces de haut ſur une largeur proportionnée, & ils ne repréſentent que des amours, des bêtes fauves & des oiſeaux. Ces petits morceaux ſont tous précieux ; mais ce n'eſt rien en comparaiſon des grands. Dans ces derniers les figures ſont deſſinées avec toute la correction poſſible, & l'expreſſion ne laiſſe ordinairement rien à déſirer ; mais il y en a peu où les carnations ſoient parfaites. Soit défaut dans la peinture, ſoit qu'elle ait été alterée par le tems, le coloris n'en eſt pas beau ; il eſt trop rougeâtre, & les dégradations y ſont rarement obſervées.

Une ſeule couleur forme le plus ſouvent le champ de ces tableaux : ceux qu'on eſtime le plus ſont un

Hercule nud, grand comme nature; un Satyre tenant une Nimphe dans ses bras; Thesée qui reçoit les remercîmens des enfans d'Athènes, pour les avoir délivrés du Minautore; Virginie accompagnée de son pere & d'Icilius son amant, dans le moment que M. Claudius la reclame devant le Decemvir Appius; & l'éducation d'Achille par le Centaure Chiron: ce dernier tableau sur-tout est universellement admiré. En géneral ils sont tous beaucoup mieux conservés que la fameuse Nôce Aldobrandine, qui, par cette découverte, perd son plus grand mérite, n'ayant plus celui de la rareté.

Il n'y a qu'un seul de ces tableaux dont le champ forme une perspective; mais ç'en est assez pour nous prouver qu'elle n'étoit pas aussi étrangere chez les Anciens, qu'on se le persuade parmi les Modernes. Ne devroit-on pas être suffisamment détrompé à cet égard par le témoignage de Plutarque, de Vitruve & de Suidas ? Ils nous apprennent qu'Agatharque de Samos, qui floriſſoit à Athenes vers la ſoixante & quinziéme Olympiade, avoit, en faveur d'Eſchyle, inventé les décorations de théâtre ſelon toutes les régles de la perſpective, dont il compoſa même un Traité. A Tralles, Ville de Lydie, célèbre par ſon Temple de la Victoire, & par le prétendu prodige qu'on raconte y être arrivé avant la bataille de Pharſale, le Peintre Apaturius avoit fait une décoration de théâtre dans les mêmes régles ; & Leonard Vinci, en les expliquant, n'en a pas mieux exprimé les effets que Platon dans ſon Dialogue du Sophiſte, & Socrate dans le dixiéme livre de ſa République.

Quelques-uns de ces Tableaux ne ſont que de deux couleurs : on en remarque trois & quatre dans d'autres, & il y a une fraiſque qui repréſente de ſimples ornemens, dans laquelle on voit des fleurs de différentes eſpêces & de toutes couleurs: le verd & le bleu s'y trouvent comme dans pluſieurs des autres Tableaux. C'eſt donc ſans fondement qu'on a crû juſqu'ici que ces deux couleurs étoient ignorées des Anciens, auſquels les Modernes, ſe fondant ſur un paſſage [a] de Pline, n'accordent la connoiſſance que du blanc de Melos, du jaune d'Athènes, du rouge de Sinope & du ſimple noir; mais il ſemble qu'on ait interprêté ce paſſage dans un ſens trop étroit. Pline a dit, il eſt vrai, que de ſon tems les Peintres ſe ſervoient de ces quatre couleurs; mais il ne marque pas qu'elles fuſſent ſeules en uſage, ce Philoſophe au contraire, en parlant de celles de Silé, que Polignote & Micon employerent

[a] Pline, *lib.* XXXV. *cap.* VII.

à peindre le Pœcile d'Athènes, [a] distingue trois espêces de couleurs : les deux premieres d'Egypte & de Scythie, & la troisiéme d'Espagne & de Poussoles. Dans un autre endroit il vante encore la couleur pourpre [b] de cette derniere Ville, & il la met au-dessus de celle de Getulie & de Laconie. Enfin on ne peut pas accorder aux Anciens la connoissance du jaune & du bleu, sans convenir en même tems qu'ils avoient celle du verd, qui se compose des deux autres couleurs ; découverte trop facile à faire, pour qu'elle fût échappée à des hommes aussi ingénieux, & qui faisoient un usage si fréquent de la peinture.

[a] L. XXIII. chap. XIII.

[b] Liv. XXXIV. chap. VII.

Au reste, on ne sera pas surpris de voir les fraisques d'Herculea si bien conservées, si l'on fait attention qu'elles ne peuvent pas avoir été long-tems exposées aux injures de l'air : il falloit nécessairement qu'elles fussent très-modernes, quand elles ont été ensévelies sous les cendres ou sous la Lave du Vesuve, puisqu'alors la peinture à fraisque étoit nouvellement découverte en Italie, où elle fut inventée par Ludius [a] sous l'Empire d'Auguste, dont la mort n'a précédé la ruïne d'Herculea que d'environ soixante-trois ans.

[a] Pline, liv. XXXV chap. X.

Il est bon de remarquer que ce Ludius peignit le premier à Rome des Païsages & de l'Architecture sur les murailles : quelle idée pourroit-on se former de ces Ouvrages, si l'on n'admettoit pas chez les Anciens l'usage du verd & de la perspective.

CHAPITRE VIII.

Des Mosaïques.

ON a trouvé aussi des Mosaïques dans Herculea, & Sa Majesté Sicilienne en a fait enlever des morceaux assez considérables; mais ils sont sans goût, sans dessein, sans varieté & sans nuances dans les couleurs: on n'y voit que des ornemens en cartouches très-grossiérement éxécutés, & dont on ne peut donner une meilleure idée, qu'en les comparant à ceux des tapis de Turquie. Ces Mosaïques sont bien éloignés de la perfection de celles qui se font au Vatican: aussi ne servoient-elles ordinairement chez les Anciens, qu'à paver leurs maisons ou leurs édifices publics, & c'est ce que Vitruve appelle *pavimentum sectile*. Cependant ils en faisoient aussi quelques petits tableaux aſſez délicatement travaillés ; mais toûjours imparfaits, parce qu'ils n'employoient que des pierres naturelles pour leurs Moſaïques, & l'on ſe ſert aujourdhui de pierres de compoſition, auſquelles on donne toutes les couleurs dont on a beſoin.

CHAPITRE IX.

Des Statuës.

LE nombre des Statuës qu'on a trouvées dans Herculea eſt aſſez grand : celles de bronze étoient preſque toutes applaties, rompuës, ou mutilées, & il y en avoit beaucoup même dont à peine on a ſauvé quelques débris. Le métail en eſt tellement alteré, que ce n'a été qu'avec une difficulté extrême, qu'on eſt parvenu à en reſtaurer cinq entiérement.

Elles repréſentent Neron & Germanicus, dont on a déja parlé, Claudius

dius, & deux femmes dont on ignore les noms : on ne ſçait même ceux des premiers, que par la comparaiſon des têtes avec celles qui ſont ſur les Médailles de ces Empereurs.

Les Statuës de marbre ſont juſqu'ici inconnuës, à l'exception d'une Athalante, d'un Veſpaſien, d'un Mammius Maximus, reconnu par l'Inſcription (1) gravée ſur ſon piédeſtal, & quelques autres Statuës de la famille Balba. On ne forme encore que des conjectures vagues ſur les autres, dont la plûpart ſont Conſulaires. Les deux, qui ſont aſſiſes dans leurs chaiſes curules, & qu'on a trouvées dans le *Forum*, ſont comparées à ce que l'antiquité nous a laiſſé de plus parfait en ce genre, & toutes les autres ſont auſſi fort eſ-

(1) L. MAMMIO. MAXIMO.
AVGVSTALI.
MVNICIPES. ET INCOLAE.
AERE CONLATO.

timées, ſur-tout Athalante, où l'on croit reconnoître le marbre & le ciſeau Grec.

On travaille actuellement à reſtaurer une Statuë équeſtre, qui s'eſt trouvée à l'entrée du *Forum* à côté de celle qui avoit été érigée à M. Nonius Balbus.

Comme on n'a foüillé encore que la moindre partie de la Ville d'Herculea, il eſt à préſumer qu'elle renferme bien d'autres Statuës : il eſt certain du moins que les Herculéens en avoient élevé une à L. Munatius Conceſſianus; on en voit la preuve dans une Inſcription (1) qui s'eſt

---

(1) L. MVNATIO. CONCESSIANO. V. P. PATRONO. COLONIAE. PRO. MERITIS. EIVS. ERGA. CIVES. MVNIFICA. LARGITATE. OLIM. HONOREM. DEVITVM. PRAESTANTISSIMO. VIRO. PRAESENS. TEMPVS. EXEGIT. QVO. ETIAM. MVNATI. CONCESSIANI. FILI. SVI. DEMARCHIA. CVMVLATI,ORI. SVMPTV. LIBERALITATIS. ABVNDANTIA. VNIVERSIS. EXHIBVIT. CIVIBVS. OBQVE. TESTIMONIA. AMORIS. SINCERISSIMI. REC. PRIMARIA. SPLENDIDISSIMA. HERCVLANENSIVM. PATRONO. MIRABILI. STATVAM. PONENDAM. DECREVIT.

Cette Inſcription eſt actuellement chez les Religieux de St. Antoine à Naples, enchaſſée dans un mûr ſous la porte qui communique aux deux cours,

trouvée en creusant la terre sans dessein, entre Portici & la Tour du Grec.

Parmi les petites Statuës de bronze qui se trouvent journellement, il y en a beaucoup qui paroîssent avoir été des Dieux Penates, ou Lares des Herculéens. On y reconnoît aussi quelques Panthées: c'est du moins le jugement que les Antiquaires ont porté d'un Mercure, qui tient à sa main droite une bourse pleine, & dans la gauche une cratére sur laquelle il y a une tortuë, ce qui peut-être n'est qu'une allégorie, pour faire entendre que les richesses viennent à pas de tortuës, ou pour faire connoître seulement que ce Dieu étoit aussi l'inventeur de l'Instrument de musique, appellé chez les Latins *Phorminx*, & plus communément *Testudo*, à cause que sa forme avoit quelque ressemblance avec cet animal.

On a retiré aussi des excavations beaucoup de Bustes de marbre : les plus beaux sont Jupiter Hammon, Junon, Pallas, Cerès, Neptune, Mercure, Janus à deux visages, une petite fille & un jeune Romain, portant au coû la Bulle d'Or, qui lui tombe sur l'estomac. Elle n'est point en forme de cœur, ainsi que la représentent quelques Modernes : c'est un oval régulier, qui n'a guéres qu'un pouce de largeur, seize lignes de hauteur & quatre d'épaisseur. Ainsi cette Bulle est bien différente de celles qui servoient d'ornement aux Triomphateurs, puisque ces dernieres avoient au moins deux pouces & demi de diamètre, & qu'elles étoient absolument sphériques.

Le peu de bas-reliefs qu'on a trouvés sont si médiocres, que ce n'est pas la peine d'en parler : le seul qui mérite quelque attention représente un sacrifice.

CHAPITRE X.

Des Médailles.

LEs Médailles ſont déja en trop grand nombre, pour que l'on entreprenne d'en faire ici le détail: une matiére auſſi vaſte demanderoit une diſſertation à part. Elles ſont la plûpart Conſulaires ou du haut Empire, & il y en a de toutes ſortes de modules & de métaux.

Quoique les Médailles de ces tems-là ſoient aſſez communes, il pourroit cependant s'en rencontrer parmi celles-ci quelques-unes de rares, ſoit pour les revers, ſoit pour les types, ſoit pour les légendes: elles ont du moins le mérite d'être géneralement auſſi bien conſervées qu'on puiſſe le déſirer. Ne doit-on pas ſe flâter d'ailleurs, que l'ancienne Herculea nous enrichira enfin de quelque Othon de grand bronze?

Cette eſpérance paroît d'autant mieux fondée, qu'on déterre journellement des Médailles de tous les Empereurs qui l'ont précédé, & de ceux qui ſont venus après lui juſqu'à Titus & Domitien, ce qui comprend tout le haut Empire. Il eſt vrai que les quatre premiers Empereurs ſont moins nombreux que leurs Succeſſeurs; mais on trouve une quantité de Médailles de Claude, de Neron, de Galba, quelques-unes de Vitellius, & beaucoup de Veſpaſien & de Titus.

Celles de Neron méritent peu d'attention, ſi l'on en excepte une de grand bronze: d'un côté eſt la tête de cet Empereur, & pour légende NERO. CLAVDIVS. CAESAR. AVG. GERM. P. M. TR. P. IMP. P.P. Le revers repréſente un homme aſſis, nud juſqu'à la ceinture avec le reſte du corps couvert d'une drapperie, montrant de la main droite une eſpêce de coffre, & tenant dans la gauche un gouvernail. Devant lui eſt une femme debout, qui lui préſente la Corne d'abondance, & on lit autour : ANNONA AVGVSTI. CERES. Ainſi il eſt à préſumer que la figure aſſiſe repréſente Neron même, tenant dans ſes mains le timon de l'Etat, & que la figure debout eſt Cerès, ou l'Abondance, ſe rendant aux ordres de cet Empereur dès qu'il ouvre ſes tréſors ; ce qui ſemble indiqué par l'attitude de ſa main droite, qui montre cette eſpêce de coffre, ſemblable au *Scrinium* que l'on voit au pied de pluſieurs Statuës Conſulaires. Le *Senatus-Conſulto*, ou *l'Ex-Senatus-Conſulto*, ne ſe trouve ni dans l'éxergue, ni dans le champ du revers.

Les Vitellius ſont par-tout aſſez rares : cependant il s'en eſt rencontré pluſieurs parfaitement beaux, en grand & en moyen bronze. La légende du premier côté est à peu-près toûjours la même A. VITELLIVS. GERMANICVS. IMP. AVG. P. M. TR. P., mais les revers sont différens : dans les uns c'est Mars tenant la haste de la main droite, & portant l'enseigne Romaine sur l'épaule gauche, sans légende : dans d'autres c'est la Paix, tenant d'une main la branche d'olivier, & de l'autre la corne d'abondance, avec ces mots pour légende PAX. AVGVSTI. Sur le revers de quelques-uns des Vitellius de moyen bronze, est une figure assise, portant sur son bras droit un pan de sa robbe, dont elle semble se couvrir le visage, & ayant devant elle un autel. On lit autour SECVRITAS. P. ROMANI., & dans l'éxergue S. C.; mais aux revers de la premiere & de la seconde espêce, ces lettres sont dans le champ.

Parmi les Médailles de Veſpaſien, il y en a une avec une légende autour de la tête, IMP. CAES. VESPASIAN. AVG. P.M. TR. P. P. P. COS. III. Le revers repréſente une femme aſſiſe, le dos contre un palmier, la tête panchée & ſoûtenuë ſur ſa main comme une perſonne affligée. Sous le même palmier eſt un homme debout, les mains enchaînées derrière le dos, & à côté de ce captif un trophée d'armes : pour légende IVDAEA. CAPTA., & dans l'exergue, S. C.

Toute Médaille qui conſtate un fait hiſtorique, ou qui fixe une époque, eſt toûjours un monument curieux ; mais il acquiert un nouveau prix lorſque le type en eſt rare : tels ſont les chars de triomphe repréſentés ſur les Médailles des Empereurs. Les ruïnes d'Herculea en fourniſſent peu de cette eſpêce, & même l'on n'en connoît juſqu'à préſent qu'une ſeule de Titus. On lit autour de la la tête de cet Empereur T. CAES. VESP. IMP. PON. TR. POT. COS. II. CENS., & au revers on voit un Quadrige, dont les quatre chevaux ſont attelés de front & paroiſſent marcher le pas gravement, au lieu qu'ils ſemblent galopper quand ce ſont des chars deſtinés aux courſes du Cirque: alors ce ſont ordinairement des Biges ou Triges, & le char eſt fait comme une coquille; mais celui qui eſt gravé au revers de Titus eſt abſolument dans la même forme, que le char repréſenté en bas-rélief ſur une des parties latérales de l'Arc de Triomphe, qui fut érigé à cet Empereur après ſa mort par ordre du Senat & du Peuple Romain. Enfin ce char ne déſigne point les Jeux Circenſes, que Titus peut avoir donnés; mais c'eſt un ſymbôle du Triomphe, qui lui fut accordé pour avoir conquis la Judée conjointément avec Veſpaſien ſon pere. Ce revers eſt ſans légende : il y a ſeulement dans l'exergue le S. C. ordinaire.

La ruïne d'Herculea eſt antérieure au regne de Domitien, & cependant il s'y trouve des Médailles de cet Empereur, ce qui paroît contradictoire ; mais la plûpart ont été frappées ſous ſes premiers Conſulats ; & s'il y en a quelques-unes du tems qu'il étoit Auguſte, il faut ſuppoſer qu'elles ont été perduës par les Ouvriers, qui avoient foüillé anciennement dans cette malheureuſe Ville, ou pour y faire des recherches, comme on le reconnoît par les vieilles excavations dont on a parlé, ou pour travailler à retablir cette Ville, conformément aux ordres que Titus avoit donnés, ainſi qu'on l'a expliqué ci-devant. Cet Empereur fut enlevé trop vîte au monde, pour avoir le tems d'éxécuter un projet ſi digne de lui ; mais il ſe peut bien que Domitien ſon ſucceſſeur ait voulu le ſuivre, & qu'après avoir fait commencer les travaux, il les ait bientôt abandonnés par le peu d'eſpérance qu'il avoit de réüſſir dans une ſi grande entrepriſe. Cependant pour peu qu'il l'ait tentée, ç'en eſt aſſez pour qu'il ſe rencontre dans les ruïnes d'Herculea quelques Médailles de l'Empire de Domitien.

L'on y trouve auſſi des pierres gravées de toutes eſpêces, dont pluſieurs montées ſur des anneaux d'or d'un travail groſſier ; mais celui des pierres eſt preſque toûjours parfait.

CHAPITRE XI.

Des Inſtrumens & autres Uſtencilles deſtinés aux Sacrifices.

COmme les uſtencilles, & les inſtrumens deſtinés aux Sacrifices n'étoient pas toûjours les mêmes dans ces ſortes de cérémonies, & que ceux qui étoient d'un uſage général avoient néanmoins quelque différence dans leurs formes, ſuivant la nature du Sacrifice, il ſeroit trop long de décrire ici tous ceux que l'on a retirés de la Ville ſoûterraine, & peut-être trop difficile d'en marquer préciſément l'uſage & la deſtination. Il ſuffira de dire en général qu'il y en a de toutes eſpêces; Autels pour les ſacrifices; Autels pour les libations; Autels portatifs en forme de trépied, déſignés par les Latins ſous le nom d'*Anclabris*; Baſſins; Préféricules; Pateres; Vaſes pour l'eau luſtrale; autres pour mettre le vin dont on arroſoit la tête des victimes; Simpules pour les libations; Hâches; Coûteaux victimaires; Urnes; Ampoulles; Lacrimatoires, &c. Une partie de ces uſtencilles ſont de marbre, d'autres d'airain, quelques-uns de terre cuite, & les deux dernieres de verre.

CHAPITRE XII.

Des Lampes.

LES Poëtes anciens, en parlant d'Herculea, nous repréſentent cette Ville & ſes environs (1) comme étant le trône de Venus. Pour juger combien cette Déeſſe y étoit réverée, il ne faut que jetter les yeux ſur les Lampes que l'on trouve aſſez fréquemment dans les excavations. Celles de terre cuîte ſont modeſtes, à l'exception d'un petit nombre, où l'on voit ces figures indécentes que les Anciens comprenoient ſous le mot générique de *Spinetria* ; mais

(1) Hic eſt pampineis viridis modo Veſvius umbris :
Preſſerat hic madidos mobilis uva lacus.
Hæc juga, quàm Niſæ colles plus Baccus amavit,
Hoc nuper Satyri monte dedere choros.
Hæc Veneris ſedes, Lacedemone gratior illi :
Hic locus Herculeo nomine clarus erat.
Cuncta jacent flammis & triſti merſâ favillâ,
Nec ſuperi vellent hoc licuiſſe ſibi.

Martial. Liv. IV. Epig. 44.

pour les Lampes d'airain, ce ſont autant de monumens du culte aſſidû que les Herculéens rendoient à Venus, & l'on remarque dans leurs différentes formes tout ce qu'une ſale imagination peut produire de plus bizarre, & en même tems de plus obſcène.

CHAPITRE XIII.

Des Uſtencilles de ménage, & autres Curioſités trouvées dans Herculea.

CEtte Ville nous fournit encore beaucoup des uſtencilles, dont les Anciens ſe ſervoient dans leurs ménages, ou pour leurs plaiſirs. Parmi les tables qu'on y a trouvées, la plus ſinguliére eſt de Baſalte : ſon pied, qui repréſente Iſis, eſt de la même pierre, & l'on conjecture par le travail & par le deſſein, que cette table pourroit bien être venuë d'Egypte. On ne s'arrêtera point à l'éxamen des autres curiosités, qui consistent en cuillieres, urnes, vases de toutes sortes de modéles & de grandeurs, lampes en forme de chandeliers & de candelabres, différentes piéces de batteries de cuisine, bouteilles de verre, marteaux & charnieres de portes, dez à joüer, anneaux, boucles d'oreilles, amulettes, empreintes qui servoient de sçéau aux Empereurs, casques, &c. La plus grande partie de ces ustencilles sont d'airain, ce qui prouve que le fer n'étoit pas fort en usage chez les Anciens.

On voit aussi dans les Cabinets de Sa Majesté Sicilienne du bled & du pain des Herculéens, mais l'un & l'autre est réduit en charbon fort dur, de maniére même que la forme n'en a souffert aucune altération.

Croiroit-on que depuis près de dix-huit siécles, il se fût conservé dans la Ville soûterraine des restes de filets ? Ils sont noircis à la vérité, & même presque pourris : cependant on peut encore les manier, sans qu'ils se réduisent en poussière.

Il y a toute apparence qu'il périt bien peu de monde dans Herculea, attendu qu'on y trouve fort rarement des squelettes : on en découvrit un, il y a quatre ou cinq ans, qui étoit couché sur un escalier, tenant dans sa main une bourse, qu'on pouvoit aisément distinguer par le moule, qu'elle avoit laissé dans l'espêce de cîment dont elle étoit enveloppée, & qui contenoit les médailles dont cette bourse étoit remplie ; mais le squelette avoit si peu de consistance, qu'il ne fut pas possible de le retirer.

Ce merveilleux assemblage d'antiquités deviendra plus ample & plus complet à mesure que les travaux avanceront, & les curieux y trouveront chaque jour de nouveaux monumens, pour fixer leurs doutes sur l'époque d'une infinité de faits historiques, de même que sur les usages, les arts, & les cérémonies des Anciens.

www.ingramcontent.com/pod-product-compliance
Ingram Content Group UK Ltd.
Pitfield, Milton Keynes, MK11 3LW, UK
UKHW020411230726
13925UKWH00004B/1349

9 782013 490122